喀左縣文物精品圖錄

KAZUO COUNTY CULTURAL RELICS

主 编 刘雅婷

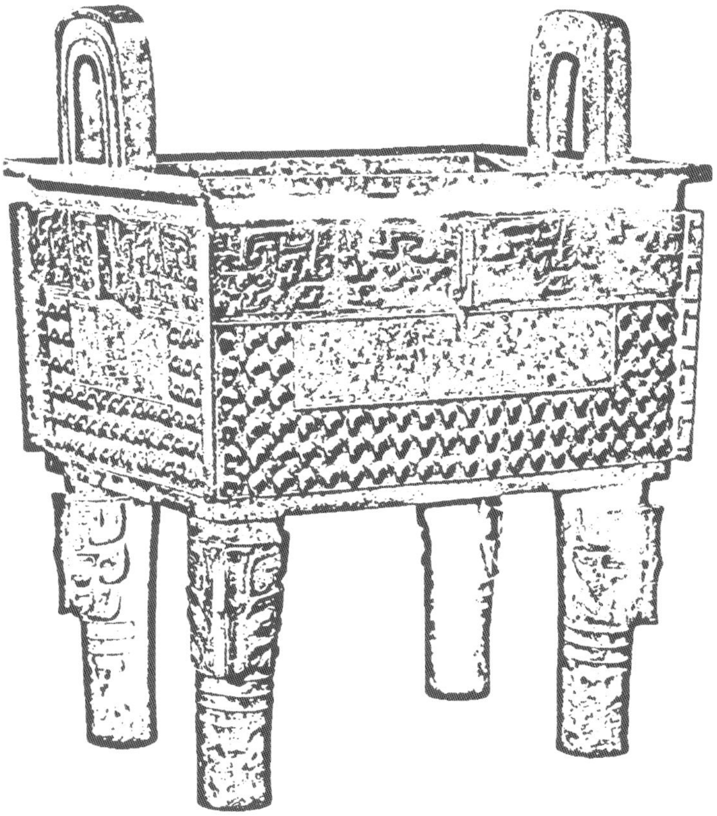

北京联合出版公司

图书在版编目（CIP）数据

喀左县文物精品图录 / 刘雅婷主编 . -- 北京 : 北京联合出版公司 , 2018.4

ISBN 978-7-5596-1472-8

Ⅰ . ①喀… Ⅱ . ①刘… Ⅲ . ①出土文物 – 喀喇沁左翼蒙古族自治县 – 图录 Ⅳ . ① K873.314

中国版本图书馆 CIP 数据核字 (2017) 第 313353 号

喀左县文物精品图录

主　　编：刘雅婷
责任编辑：申　妙　张　芃
书籍设计：雅昌设计中心·刘玉宝
出版发行：北京联合出版有限责任公司
　　　　　北京联合天畅发行公司发行
社　　址：北京市西城区德外大街 83 号楼 9 层
邮　　编：100088
电　　话：（010）64243832
印　　刷：北京雅昌艺术印刷有限公司
开　　本：889mm×1194mm　1/16
字　　数：110 千字
印　　张：14.5
版　　次：2018 年 4 月第 1 版
印　　次：2018 年 4 月第 1 次印刷
定　　价：268.00 元

文献分社出品

序

喀喇沁左翼蒙古族自治县简称准喀喇沁，又称喀左县，地处辽冀蒙三省交界处，早期文明在这里碰撞和交流，产生了独具特色的历史与文化，是中华文明的重要组成部分。喀左县历史悠久，先后有山戎、东胡、乌桓、鲜卑、契丹、女真、蒙古、满、汉等多个民族在这块神奇的土地上生根，并留下大量的遗迹和遗物，共同谱写了喀左的历史篇章。喀左县现已成功跨入了“全国文明县城”、“国家卫生县城”、“国家园林县城”，有“全球最大的暴龙化石之乡、全国最优的紫砂资源之地、东北最美环境县城、华夏楹联第一乡、辽宁省旅游强县”等喀左特色文化品牌，而众多的文物古迹和珍贵的馆藏品是形成喀左高度文化自信的精髓和深厚根基。

2016年3月，习近平总书记对文物工作作出重要指示，他强调：“文物承载灿烂文明，传承历史文化，维系民族精神，是老祖宗留给我们的宝贵遗产，是加强社会主义精神文明建设的深厚滋养。保护文物功在当代、利在千秋。”我们有责任弘扬祖国优秀传统文化，坚持“保护为主，抢救第一，合理利用，加强管理”的文物原则和理念，在改革开放和新的历史时期让文物古迹日益发挥重要作用。正是基于这样的理念，喀左县博物馆的文物工作者精心编纂并隆重推出《喀左县文物精品图录》，本书涵盖了喀左县境内出土或征集的从旧石器时代到近现代的馆藏文物精品，力图使本书做到图文并茂、雅俗共赏、史料翔实、描述严谨、设计精美，把它做成一部陶冶情趣、研究文化、进行爱国主义教育的精品力作。

希望《喀左县文物精品图录》的出版能够使广大人民群众更加热爱喀左，建设喀左，对研究喀左的历史与文化形成初步框架性认识。

喀喇沁左翼蒙古族自治县人民政府县长

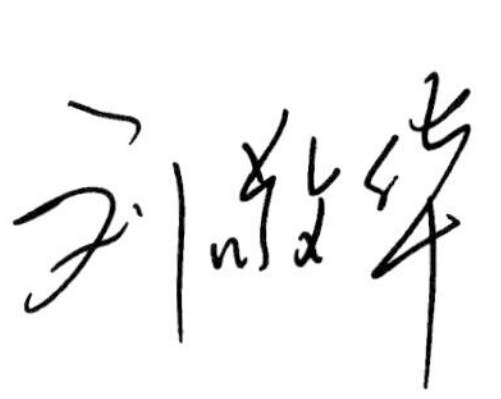

前 言

喀喇沁左翼蒙古族自治县（简称喀左县）位于辽宁西南部的大凌河上游。北接大漠，南临辽西走廊，总面积2237.86平方公里，人口42万，其中蒙古族人口约占总人口的五分之一，此外还有汉、满、回、朝鲜等民族在这里共同居住。县境四周群山蜿蜒，丘陵起伏，中部为河谷平原，大凌河自南向北纵贯全境，喀左县博物馆的所在地——大城子（亦县城所在地）就坐落在大凌河西支和南支交汇的干流冲积平原上。

喀左县境在商代时为孤竹国地；周代时属燕国，隶右北平郡和辽西郡；战国初期为东胡地；秦代沿燕置；西汉初为匈奴左地，武帝后为塞外地，境内有白狼等县，为境内设县之始；东汉属幽州，为乌桓地，建安十二年（207），曹操北征乌桓，八月，登白狼山（今白塔子乡大阳山），斩乌桓首领蹋顿；魏、晋时属鲜卑地，十六国时属于前燕、前秦、后燕和北燕地；南北朝时为北魏、北齐地；北魏时属营州地；隋代为建德郡地，后为辽西柳城县地；唐代属营州柳城县地，后与库莫奚、契丹杂居；辽代属中京道大定府地，统和四年（986）置阜俗县，统和十六年（998）置利州，南境为潭州龙山县，北境为富庶县；金代属北京路利州，统阜俗、龙山县，北境有富庶县；元代属大宁路利州，统龙山县，北境有富庶县；明代属大宁都指挥使司的营州中卫地，后改属诺音卫地；后金天聪九年（1635）置喀喇沁左翼旗（治所初在官大海，后迁至南公营子）；清代乾隆三年（1738），在旗境内置塔子沟厅；乾隆四十三年（1778），改塔子沟厅为建昌县，开始实行蒙汉分治：汉族归县管辖，蒙古族归旗管辖，从此，一块儿土地上有了两套行政建制，旗县并立； 民国三年（1914）将建昌县又改为凌源县；民国二十年（1931）分设凌南县；1937年凌源、凌南二县合并为建昌县；1940年撤销县，将喀喇沁左翼旗改为喀喇沁左旗，统归喀喇沁左旗管辖；1946年8月成立喀喇沁左旗人民政府，从此结束了蒙汉分治的历史；1949年旗政府由南公营子迁至大城子，1953年设建制镇；1957年10月，国务院第58次会议通过撤销喀喇沁左旗建制；1958年4月1日，成立喀喇沁左翼蒙古族自治县。

喀左历史悠久，文化灿烂悠长。县境内有不可移动文物843处（包括国家、省、市、县级四级文物保护单位50处）。喀左县从10多万年前就开始有人类活动，鸽子洞旧石器文化遗址位于喀左县水泉乡西地村西汤山的东侧临河断崖上，经过1973年和1975年两次考古发掘，共出土旧石器310余件和大量的动物骨骼化石，其中有3件被社会科学院专家认定为古人类化石。鸽子洞遗址代表我国东北地区唯一的旧石器时代中期的文化类型，也是迄今辽西大凌河流域最早的古人类遗址，具有重要的科学价值，被联合国教科文组织列为科研第四号，1979年被列为省级文物保护单位。全县发现新石器时期遗址25处，其中东山嘴遗址是当时经国家第一次正式发掘的红山时期的人类祭祀遗址，它的发现把中华文明提前了1000年，在朝阳市召开的“燕山南北长城地带考古工作会”上，专家学者对东山嘴遗址的考古发现发表了重要的讲话，中国考古学会理事长苏秉琦先生提出了以东山嘴为中心、50公里为半径进行细致的考古调查，由此拉开了红山文化深入考古研究的大幕。遗址内出土的裸体孕妇塑像被专家学者称为“东方维纳斯”。自1955年马场沟小转山子出土的第一批商周时期的青铜器，至1979年，喀左共出土了5批60余件青铜器，其中孤竹罍、燕侯盂、蟠龙兽面纹罍、鸭形尊、提梁卣等均为文物珍品，分别收藏于中国国家博物馆、辽宁省博物馆、辽西博物馆和喀左博物馆。

喀左县博物馆成立于1984年。现馆址位于喀左县大城子镇昌盛街文化大厦，总建筑面积1600平方米，陈列面积1200平方米，共设六个展馆，其中基本陈列4个：喀左民族民俗展、喀左历史综合展、喀左商周青铜文物展、喀左县非物质文化展，专题陈列2个：喀左佛教文物展、喀左紫陶艺术展。馆藏文物以喀左县境内历年考古发掘出土、征集、捐献和划拨的文物为主体，共分为石器、陶器、瓷器、青铜器、铁器、玉器、金银器及骨器等十余个门类共3000余件（套），其中以旧石器时代、新石器时代、青铜时代和蒙古族民族民俗文物为本馆特色。

喀左历史综合展展览面积为300平方米，展览内容以喀左历史由早到晚的发展脉络为主线，全面展现了喀左从旧石器时代到元代的发展史。

喀左民族民俗展展览面积为280平方米，展览内容以喀喇沁左翼蒙古族的民族史、民俗史为主线，通过民俗文物、图版、文字、沙盘场景模拟等形式，充分展现了喀喇沁左翼蒙古族的形成、发展以及独具特色的东部蒙古族民俗。

喀左商周青铜文物展展览面积为130平方米，展览内容以喀左县历年出土的青铜窖藏文物为主，通过实物、复制品、图版、文字等形式，展现了喀左地区青铜时代所具有的高度发达的文明，是中华文明的重要组成部分。

喀左县非物质文化展展览面积为150平方米，展览内容以喀左县历年申报成功的各级非物质文化遗产为主线，通过实物、复制品、图版、文字、场景模拟等形式，展现了喀左地区的国家级非物质文化遗产——东蒙民间文学、省级非物质文化遗产——陈醋酿造技艺等各级非物质文化遗产，显示了喀左县各民族在自身发展和相互交流过程中产生的优秀文化资源，是中华民族文化形成的重要源泉之一。

国家级重点文物保护单位——东山嘴遗址经过抢险加固和周边环境建设后，在遗址周边建成了集管理和展示为一体的东山嘴遗址展示馆。它的建成会对遗址的保护、展示和科学研究起到重要的作用，将会成为国家AAAA级旅游景区——喀左龙源湖旅游景区中最重要的人文景观。

喀左县博物馆各项陈列内容丰富、设计新颖，是见证喀左历史发展的缩影和了解喀左的重要窗口，常年对外免费开放，是观众参观学习和陶冶情操的艺术殿堂。近年来，喀左县博物馆荣获了“朝阳市公务员职业道德教育示范基地”、“朝阳市爱国主义教育示范基地”称号。

2016年4月12日，中共中央总书记、国家主席、中央军委主席习近平对文物工作作出重要指示。他强调，“文物承载灿烂文明，传承历史文化，维系民族精神，是老祖宗留给我们的宝贵遗产，是加强社会主义精神文明建设的深厚滋养。保护文物功在当代、利在千秋。切实加大文物保护力度，推进文物合理适度利用，努力走出一条符合国情的文物保护利用之路，为实现‘两个一百年’奋斗目标、实现中华民族伟大复兴的中国梦作出更大贡献”。

喀左县博物馆正是本着习总书记的重要讲话精神及文化工作的“双百方针”，在完成全国第一次可移动文物普查工作任务的基础上，以馆藏文物为主，精选几件早年在喀左出土的重量级文物汇入本书，共同编辑成册，把它作为喀左县几代文物工作者和新中国成立后的几十年文物工作的一个总结工作，也是向社会各界展示喀左的历史与文化成果的小小窗口，希望喀左的明天更美好。

目录

第一部分

石器

石斧

呈长方体，石质磨光，扁身，直体，双面弧刃。

红山文化

喀左县大城子街道洞上村采集

长 14.5 厘米，刃宽 8.7 厘米，厚 3.3 厘米

现藏于喀左县博物馆

磨光石斧

上窄下宽略呈梯形，横截面扁圆，双面弧刃，石质细腻，通体磨光。

红山文化

喀左县老爷庙镇下河套村采集

长 18 厘米，宽 9 厘米，厚 2.6 厘米

现藏于喀左县博物馆

石环

石质灰白细腻，扁平圆形，当中有穿孔，内外边缘略薄。

小河沿文化

喀左县尤杖子乡朝阳洞双洞遗址出土

直径9.7厘米，内径6厘米

现藏于喀左县博物馆

石凿

石质光滑细腻，平顶，单面直刃，截面呈半圆形。

夏家店下层文化

喀左县平房子镇九佛堂村南采集

长4.4厘米，宽1.4厘米，厚0.95厘米

现藏于喀左县博物馆

石环

小河沿文化

喀左县兴隆庄镇宣家窝铺村出土

最大直径 13.9 厘米，最小直径 3 厘米

现藏于喀左县博物馆

一组共8件，石质灰白，均为扁平圆形，当中有穿孔，内外边缘略薄。

双孔石刀

夏家店上层文化

刃长 15.7 厘米，厚 0.5 厘米，宽 6 厘米

现藏于喀左县博物馆

石质磨光，半月形，双面直刃，弧背，中部对穿双孔。

磨制石拍

夏家店上层文化

喀左县平房子镇三家村出土

长 10.2 厘米，厚 3.4 厘米，刃宽 5.7 厘米

现藏于喀左县博物馆

石质黄褐色，通体光滑细腻，手柄略扁，呈梯形，下部平面微凸，截面为椭圆形。

石盘

磨制，石质青灰，圆角长方形，浅腹，平底。口沿一周刻划斜线纹。

夏家店下层文化

喀左县公营子镇下三家村出土

通高 2.1 厘米，口径长 10 厘米，口径宽 8.3 厘米

现藏于喀左县博物馆

单孔石刀

石质磨光，弧刃有锋，直背，一端略凸起，中部对穿一孔，器形近似柳叶状。

夏家店下层文化

喀左县平房子镇山湾子村采集

长 18.5 厘米，宽 5.8 厘米，厚 0.9 厘米

现藏于喀左县博物馆

砂岩磨制，一组两件，磨盘扁平，中部微凹，略呈梯形；磨棒两端略细，截面呈半圆形。

石磨盘、石磨棒

夏家店下层文化

喀左县南公营子镇西村出土

长 41.5 厘米，宽 27.5 厘米，厚 6.5 厘米

现藏于喀左县博物馆

石雕佛坐像

北魏
喀左县南哨街道南窑村出土
通高 51.5 厘米，宽 36 厘米，厚 9.5 厘米
现藏于喀左县博物馆

佛像为黄色砂岩雕刻而成。佛结跏趺坐于方形台座上，尖圆形背光。面相清癯，身体修长，双目微睁，着双领下垂式袈裟，左手施与愿印，右手于胸前施无畏印。

诸葛熹造一佛二菩萨石雕坐像

北魏

喀左县南哨街道南窑村出土

通高 147 厘米，宽 75 厘米，厚 18 厘米

现藏于喀左县博物馆

佛像为黄色砂岩雕刻而成。主佛头部缺失，背光残断，其他部位完整；着袒右肩袈裟，内着僧祇支，结跏趺坐于束腰式方座上；左手伏于右足腕部，右手于胸前施无畏印，佛像举身背光，中部残缺，前面平素无纹，原应有彩绘，后面上部刻出双面坡式屋檐，脊端饰鸱尾，人字形栱，檐下刻千佛龛，内雕坐佛，左下方刻发愿纹，共7行46字，为“大魏正始三年六月十五日诸葛熹为七世父母……造像一锺（区）……”等字样。佛两侧各立一菩萨，菩萨高束发髻，额发中分，面相丰圆，双耳垂肩。双肩披帛，下身着裙，一手下垂，提长颈瓶，另一手于胸前执物似莲蓬，赤足立于莲台之上。束腰方座前面浮雕有供养人像，两侧各一昂首蹲狮。

双佛石雕坐像

北魏

喀左县南哨街道南窑村出土

通高 40 厘米，宽 33 厘米，厚 16 厘米

现藏于喀左县博物馆

佛像为黄色砂岩雕刻而成。双佛头部缺失，背光残断，其余较完整。双佛携手结跏趺坐于束腰长方座上，身着袒右肩袈裟，右佛右手于胸前施无畏印，左佛左手覆于左腿腕施触地印。座两侧各浮雕一昂首蹲狮，中部有两供养人相对跪于炉前，做双手合十状。

石雕头像

北魏

喀左县南哨街道南窑村出土

通高 41 厘米，厚 16.5 厘米

现藏于喀左县博物馆

佛像为黄褐色砂岩雕刻而成。佛像头挽螺髻，宽额广颐，双耳垂轮，鼻梁高挺，嘴角上翘，面带微笑。残存背光上面刻一佛龛，内雕坐佛。头像具有一种残缺的美。

石雕力士像

辽代

喀左县利州街道小河湾村出土

通高 53.5 厘米

现藏于喀左县博物馆

石像为绿色砂岩雕刻而成。力士为立像，髡发，双目圆睁，两眉倒竖，阔鼻，嘴角上翘，上身裸露，下身仅着三角内衣，肌肉劲健，手臂自然下垂于身体两侧。此像面相威猛，比例匀称。

第二部分

玉器

绿松石鸮鸟

绿松石质。整体作展翅鸮鸟形，在石面上用浅浮雕的形式刻划出鸮的首部及翅尾部的羽毛，背面正中对穿单孔。

红山文化
喀左县兴隆庄镇章京营子村东山嘴出土
高 2.4 厘米，宽 2.8 厘米，厚 0.4 厘米
现藏于辽宁省考古研究所

双龙首玉璜

玉质。正面为半圆雕，璜形，两端各为一龙首，吻向前伸，上唇翘起，口微张，目作菱形，身饰瓦沟纹样。背面无纹，中部对穿一孔。

红山文化

喀左县兴隆庄镇章京营子村东山嘴出土

长4厘米

现藏于辽宁省考古研究所

玛瑙碗

红色玛瑙质。六瓣花式口，外壁从口到腹有六条锥状磨沟，鼓腹，圈足，外底内凹。色彩鲜艳，精雕细琢，非常精美。

辽代

喀左县卧虎沟乡四家子村出土

高 4.2 厘米，口径 9.1 厘米，底径 3.5 厘米

现藏于喀左县博物馆

琥珀葫芦

辽　代

喀左县利州城出土

通高 4.3 厘米，底径 2.7 厘米

现藏于喀左县博物馆

琥珀质。颜色暗红，通体呈葫芦形，圆形钮盖，口下有一圆孔。肩部有高浮雕枝叶，叶脉纹清晰。

鎏金莲纹立凤盖琉璃瓶

辽代

喀左县利州城出土

通高 13.8 厘米，口径 3.3 厘米，底径 2.3 厘米

现藏于喀左县博物馆

整体由盖和瓶体构成。盖呈圆形花瓣状，其上鎏金，中间站立一只展翅欲飞的立凤。瓶体为琉璃质，直颈，溜肩，长圆腹，平底。

朝珠

清代

喀左县南公营子镇西村出土

周长 86 厘米

现藏于喀左县博物馆

朝珠由琥珀主珠和翡翠隔珠组成。朝珠已残缺，珠子为圆形穿孔，现仅存七十四颗褐色琥珀珠及四颗较大的翡翠珠。

玉镯

清代

喀左县白塔子镇白沟村出土

直径 7.9 厘米

现藏于喀左县博物馆

白玉质，一对。手镯为圆雕，由双龙首衔珠组成闭合圆环，其余部分光素无纹。

帽顶

帽顶由顶珠和铜质底座组成。底座呈须弥座状，上有累丝花饰，座顶镶嵌红色球形碧玺。

清代

喀左县南公营子镇西村出土

通高4厘米，底径3厘米

现藏于喀左县博物馆

帽顶

帽顶由顶珠和铜质底座组成。底座呈须弥座状，上有累丝花饰，座顶镶嵌蓝色球形炸晶，珠顶正中有穿钉与底座相连，起加固与装饰作用。

清代

喀左县白塔子镇白沟村出土

通高4.5厘米，底径3.5厘米

现藏于喀左县博物馆

帽顶

清代

通高 4.6 厘米，底径 2.7 厘米

现藏于喀左县博物馆

帽顶由顶珠和底座组成，黄铜质。底座为累丝工艺，呈须弥座状，其上焊接细密的小铜珠进行装饰，座上竖向焊接筒形珠。

玉握

清代

长 4.3 厘米，宽 2.5 厘米

现藏于喀左县博物馆

白玉质。整体呈鹅卵形，其上有鸡血红色斑，玉件温润光洁。

铜箍翡翠扁方

清代

长 15.6 厘米，宽 3 厘米

现藏于喀左县博物馆

翡翠材质。扁方长条形，一端圆弧形，一端上折呈卷轴状，两片翠之间用银箍包接。

白玉扁方

白玉质。形状扁平，体长，一端呈圆弧形，另一端向上卷曲，卷曲部位两侧饰有梅花纹，通体光素。

清代

长 36.8 厘米，宽 3.5 厘米

现藏于喀左县博物馆

玉牌饰件

清代

通长22.5厘米，直径6厘米

现藏于喀左县博物馆

此玉饰件由玉珠、牌饰和吊坠组成。主体为圆形白玉牌，中部透雕“寿”字纹，寿字两侧浅浮雕圆形纹饰，寿字上部以挂绳串坠一颗玛瑙珠，寿字下部吊坠一圆雕玛瑙猴。

带饰

清代

长 6.5 厘米，宽 5.8 厘米

现藏于喀左县博物馆

带饰由底托和嵌饰组成。圆形铜托上镶嵌五颗粉色碧玺，以绿松石镶嵌形成花卉纹，穿插其间。背面一端有半圆形孔，中间有连弧形镂孔，两端边沿上各有一长方形鼻。

双龙报喜白玉牌

清代

喀左县南公营子镇西村出土

长6厘米，宽4.5厘米

现藏于喀左县博物馆

白玉质。透雕，双面纹饰相同，两条草龙身体卷曲上下相接，左右对称。龙首于中心隔“喜”字相对，喜字下接圆环，内部有活珠。

带饰

清代

长4.2厘米，宽2.8厘米

现藏于喀左县博物馆

带饰由黄铜质底托和玛瑙饰件组成。底托为椭圆形，一端有方孔，背部有两个长条形穿鼻。托上镶嵌红色玛瑙饰件。

玉牛饰件

清代

长3.5厘米，宽2.5厘米

现藏于喀左县博物馆

青白玉质。圆雕，玉牛四肢屈曲侧首作俯卧状，椭圆形双目，细线眉，孔形深鼻，额上两弯角相接呈“O”形，牛尾卷曲上扬附于臀部。体形健壮，尾部有一圆形穿孔。

玛瑙巧雕饰件

清代

长3厘米，宽2.5厘米

现藏于喀左县博物馆

红玛瑙质。圆雕，整体为带叶瓜果状，利用深色玛瑙部分巧雕成叶片，线刻叶脉纹，其他部分雕成瓜果，上端有一穿孔，可作系挂之用。

玛瑙带饰

清代

边长6厘米，厚1.3厘米

现藏于喀左县博物馆

带饰由底托和嵌饰组成。方形铜托上镶嵌天然褐色纹理玛瑙石，背面镂空缠枝纹，中心焊接一对相贯通柱状鼻，在底托边沿上有一长条形鼻。

绿松石饰件

清代

长 4.3 厘米，宽 3.5 厘米

现藏于喀左县博物馆

绿松石质，有天然褐色铁线。圆雕成带叶瓜果状，并浮雕有清晰的叶蔓纹，上部有一穿孔，可作系挂之用。

白玉鼻烟壶

清代

通高7.2厘米，口径2厘米，腹径5厘米，底径3厘米

现藏于喀左县博物馆

白玉质。小圆口，直颈，溜肩，壶体较扁，圈足。顶上有珊瑚质半球形盖。

料器鼻烟壶

清代

通高7.5厘米，口径2厘米，腹径5.3厘米，底径2.8厘米

现藏于喀左县博物馆

烟壶料质。小圆口，直颈，溜肩，直腹较扁，圈足，顶上有翠质半球形盖。

白玉鼻烟壶

烟壶白玉质。直口，扁圆壶体，椭圆形圈足。壶体一面利用天然玉皮颜色巧做装饰。

清代

通高 5.3 厘米，口径 1.6 厘米，腹径 4.6 厘米，底径 2.2 厘米

现藏于喀左县博物馆

玛瑙鼻烟壶

烟壶玛瑙质。直口，鼓腹，壶体略扁，平底。茶色玛瑙带有天然黑褐色斑纹。

清代

通高 4.5 厘米，口径 1.6 厘米，腹径 4.8 厘米，底径 1.2 厘米

现藏于喀左县博物馆

第三部分

陶器

陶塑孕妇像

红陶质。裸体立像，头及右臂均残缺，腹部隆起，臀部肥大，孕妇特征明显，左臂曲伸，左手贴于上腹，体短。

红山文化

喀左县兴隆庄镇章京营子村东山嘴遗址出土

残高 5.8 厘米

现藏于辽宁省博物馆

陶塑孕妇像

红陶质。裸体立像，头及右臂均残缺，腹部隆起，臀部肥大，孕妇特征明显。左臂曲伸，手贴于上腹，体修长，上身前倾，下肢弯曲。

红山文化

喀左县兴隆庄镇章京营子村东山嘴遗址出土

残高7.9厘米

现藏于中国国家博物馆

红陶偶像

小河沿文化

喀左县尤杖子乡朝阳洞双洞遗址采集

高 18.5 厘米，厚 2.9 厘米

现藏于喀左县博物馆

泥质褐陶。立像，扁平体，圆平脸，小口，细目，隆鼻。泥条塑贴左臂，微曲抱腹前，其右胸、肩、臂、手全失；左胸显乳突，乳部上方饰一双勾“X”状纹饰，背后满施刻划纹，近左肩胛下处并排饰两个与前胸相同的双勾“X”状纹饰。

塔形器

红山文化

喀左县兴隆庄镇章京营子村东山嘴出土

通高 40 厘米

现藏于喀左县博物馆

泥质红陶，外罩红陶衣饰以黑彩，彩绘大部分已脱落。器体分为口、腹、座三部分。敛口，细高颈，颈上起三道凸棱。斜肩，鼓腹，口沿至腹部饰压印细密的窝点纹。座上有三个均匀分布的长方形镂孔，镂孔以下部分外撇。

桥钮斜口彩陶壶

泥质红陶，饰黑彩。桥状钮，斜口，溜肩，鼓腹，腹上饰四组对称黑彩垂幔纹，平底。

小河沿文化

喀左县南公营子镇西村出土

通高 11.5 厘米，口径 4.5 厘米，底径 9.3 厘米

现藏于喀左县博物馆

红陶兽形鼎

夹砂红褐陶，外饰红陶衣，手制。卵圆形器底，一端圆尖突出为兽的臀尾部，腹底置四足，空腔圆柱状足与器腹相通。

小河沿文化

喀左县尤杖子乡朝阳洞双洞遗址采集

残高 13 厘米，残横长 30.5 厘米，残宽 22 厘米

现藏于喀左县博物馆

彩陶尊

磨光红褐陶，手制。敞口，圆唇，高直领，圆折肩，斜直腹，外壁绘几何纹红彩。因水垢，纹饰不清。

小河沿文化

喀左县尤杖子乡朝阳洞双洞遗址采集

高9厘米，口径10.8厘米，腹径9.5厘米，底径9厘米

现藏于喀左县博物馆

灰陶豆

磨光灰陶。上为钵形圆盘，中承空心柱状长柄，下为喇叭形底足。

小河沿文化

喀左县尤杖子乡朝阳洞双洞遗址采集

高15.7厘米，口径14.5厘米，底径7.5厘米

现藏于喀左县博物馆

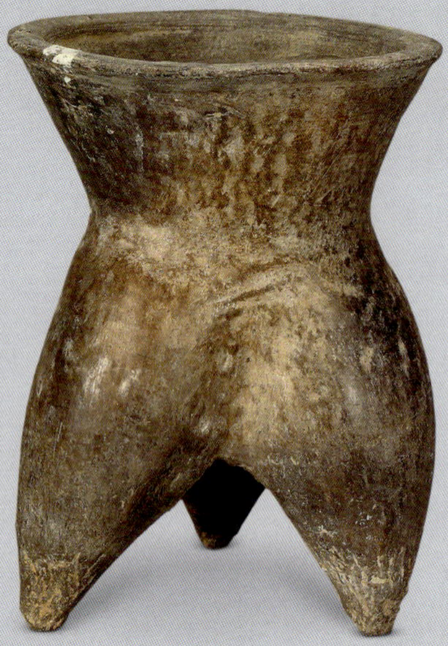

磨光灰褐陶鬲

夏家店下层文化

通高 16.5 厘米，口径 12.5 厘米

现藏于喀左县博物馆

灰陶质。侈口外撇，束颈，三个中空袋足，实足根饰有绳纹。

磨光黑陶鬲

夏家店下层文化

通高 22 厘米，口径 18.6 厘米

现藏于喀左县博物馆

磨光黑陶。大敞口，筒形腹，三个中空袋状足，实足根饰绳纹。

黑陶尊

磨光黑陶。大敞口，筒形腹外撇，腹下近底折收，平底。

夏家店下层文化

通高 19.3 厘米，口径 20 厘米，底径 9 厘米

现藏于喀左县博物馆

磨光灰陶豆

磨光灰陶。上为喇叭形浅盘，中有长柄，下为喇叭形座。

夏家店下层文化

通高 18.3 厘米，口径 16 厘米，底径 11.5 厘米

现藏于喀左县博物馆

直腹灰陶罐

灰陶质。敞口，斜直腹，平底。外饰绳纹。

夏家店下层文化

喀左县兴隆庄镇宣家窝铺村出土

高 11.7 厘米，口径 15.5 厘米，底径 9 厘米

现藏于喀左县博物馆

磨光红陶豆

磨光夹砂红陶。上为斗笠形盘，下接喇叭形粗柄。

夏家店上层文化

通高 14.8 厘米，口径 14.8 厘米，底径 9.7 厘米

现藏于喀左县博物馆

花边陶鬲

夹砂红褐陶。花边口，束颈，三个袋形足。

魏营子文化

喀左县山嘴子镇海岛营子村出土

通高 12.1 厘米，口径 10.2 厘米

现藏于喀左县博物馆

灰陶壶

泥质灰陶。敞口，高领，束颈，折肩弧腹，平底。

凌河文化

喀左县山嘴子镇黄家店村土城子出土

通高 18.7 厘米，口径 8.2 厘米，腹径 14.5 厘米，底径 9.6 厘米

现藏于喀左县博物馆

「白庚都王氏鍴」铭文灰陶量

战国

喀左县兴隆庄镇二布尺村出土

高 24.5 厘米，口径 20.6 厘米，腹径 24.8 厘米，底径 15.7 厘米

现藏于喀左县博物馆

泥质灰陶。平沿外展，高直领，鼓腹，平底。上腹饰弦纹，下腹拍印细绳纹。肩部有个四乳钉，乳钉右侧有竖向六字铭文“白庚都王氏鍴”。

灰陶圈

汉代

喀左县六官营子镇前坟村征集

长 23 厘米，宽 25.5 厘米，通高 13 厘米

现藏于喀左县博物馆

泥质灰陶。围墙平面呈方形，上有内折宽平台，台面中部均有两个双圈纹，台上一角建方形四阿顶陶厕，与圈内相通，墙外侧置斜坡台阶，陶厕对面内壁模印一头母猪和正在哺乳的七只仔猪。

灰陶井

汉代

喀左县六官营子镇前坟村征集

通高 23 厘米，口径 12.8 厘米，底径 13 厘米

现藏于喀左县博物馆

泥质灰陶。提梁式井架，梁上接横梁，上设四阿顶式井亭，亭顶饰网格纹，圆井口，平沿外展，方唇，束颈，肩饰两道弦纹，筒形腹，平底，底径稍大。

灰陶仓

泥质灰陶。口微敛，折肩，筒形腹外饰弦纹，平底上有三足，外壁近底有一圆孔。

汉代

喀左县六官营子镇前坟村征集

通高 27.8 厘米，口径 8.9 厘米，底径 16.5 厘米

现藏于喀左县博物馆

剔花灰陶盖豆

汉代

喀左县平房子镇三台子村出土

高17厘米，口径16厘米，底径10.9厘米

现藏于喀左县博物馆

灰陶。折肩豆盖，剔三角形纹饰，盖面三角纹上戳篦点纹，盖上有带孔圆形捉手。子母口式，弧腹，高圈足外撇。

红陶盖豆

汉代

喀左县六官营子镇六官营子村出土

通高 15 厘米，口径 13.7 厘米，底径 9 厘米

现藏于喀左县博物馆

泥质红陶。覆钵形盖，上为浅圆盘，中接粗柄，下为圈足。

红陶炉

泥质红陶。长方形盘面，内底部有四个长条形篦孔，下承接四个高蹄足。

汉代

喀左县平房子镇小营子村东梁顶出土

长19.9厘米，宽13.4厘米，通高11.3厘米

现藏于喀左县博物馆

灰陶俑

泥质灰陶。手制，捏出面部，颈部，双臂轮廓，衣下缘外撇。

汉代

高14.2厘米，宽4.5厘米

现藏于喀左县博物馆

陶拍

泥质灰陶。四棱台体，六面均饰粗绳纹。

汉代

高10厘米，上边长5厘米、宽3.3厘米，下边长6.5厘米、宽6厘米

现藏于喀左县博物馆

灰陶罐

灰陶。敛口，弧肩，直腹，平底，肩部饰有弦纹和水波纹。

北魏

喀左县利州街道小河湾村出土

高22厘米，口径18.6厘米，底径19.8厘米

现藏于喀左县博物馆

白釉绿彩鸡冠壶

辽代

喀左县南公营子镇出土

通高 35 厘米，口径 3.9 厘米，底径 11.8 厘米

现藏于喀左县博物馆

釉陶。红色陶胎，挂白色化妆土，外施乳白釉不及底。壶体上窄下宽，为扁圆腹，鸡冠状高提梁，管状流，深腹，圈足。贴塑仿皮条和圆形乳钉式皮扣，与皮囊样式极其相似，皮条，皮扣装饰绿彩，色调对比鲜明。

绿釉捏梁鸡冠壶

辽代

喀左县山嘴子镇大杖子村出土

通高 32.7 厘米，底径 8 厘米

现藏于喀左县博物馆

釉陶。捏制环形提梁，管状口，壶身瘦长，下腹略鼓，圈足，壶外挂白色化妆土，施绿釉不及底，胎质粗糙。

绿釉瓜棱执壶

辽代

喀左县中三家镇古山子村

通高 18.5 厘米，底径 6.5 厘米

现藏于喀左县博物馆

釉陶。直口，有盖，口沿与肩处有一弧形柄，柄对称处有一短流，略弯曲，圈足。壶身压印瓜棱纹，其上饰篦齿和弧状纹。坯外挂白色化妆土，通体施绿釉。

浅绿釉单孔鸡冠壶

辽代

喀左县平房子镇平房子村出土

通高 24.7 厘米，底径 8.5 厘米

现藏于喀左县博物馆

釉陶。管状口，鸡冠状单孔耳，壶身上扁下圆，圈足，施浅绿釉不及底。

茶末釉鸡冠壶

辽代

喀左县山嘴子镇小道虎沟村出土

通高 25.5 厘米，底径 10.4 厘米

现藏于喀左县博物馆

釉陶。管状口，鸡冠状单孔耳，壶身上扁下圆，圈足有三个支钉痕，壶身两侧有仿皮条缝合装饰，施茶末釉不及底。

绿釉绳梁鸡冠壶

辽代

喀左县平房子镇古墓出土

高 25 厘米，底径 7.6 厘米

现藏于喀左县博物馆

釉陶。仿皮绳式提梁，管状口，壶身上扁下圆，圈足，从颈部到腹部有仿皮条缝合装饰。壶外挂白色化妆土，施绿釉不及底。

黄釉捏梁鸡冠壶

辽代

喀左县平房子镇出土

通高 30.5 厘米，底径 8.9 厘米

现藏于喀左县博物馆

釉陶。捏制环形提梁，管状口，颈基部贴塑凸棱一周。壶身瘦长，下腹圆鼓，圈足。壶外挂白色化妆土，施橘黄色釉不及底，釉质明亮，富有光泽。

黄釉八角套盘

辽代

喀左县平房子镇出土

高3.7厘米，口径12.4厘米，底径15.3厘米

现藏于喀左县博物馆

釉陶。通体施黄釉，立沿，凸底，均有子母口，能叠装在一起，有先后组装顺序标记。

黄釉碗

釉陶。侈口，弧腹，圈足。胎体外挂白色化妆土，施黄釉不及底。

辽代

喀左县平房子镇出土

高 3.9 厘米，口径 8.2 厘米，底径 3.1 厘米

现藏于喀左县博物馆

三彩剔釉牡丹纹凤首瓶

辽代

喀左县白塔子镇杨杖子村出土

通高 44 厘米，口径 10.9 厘米，底径 10.5 厘米

现藏于喀左县博物馆

釉陶。花式口，颈部饰凤首及四道弦纹，鼓腹，圈足外撇。红陶胎外挂白色化妆土，腹上施白釉，剔牡丹纹露胎，凤首，颈部及叶片施绿釉。

三彩花卉纹盘

辽代

喀左县平房子镇出土

高 3 厘米，口径 17.3 厘米，底径 6.7 厘米

现藏于喀左县博物馆

釉陶。敞口，浅腹，圈足。内底印三朵芍药花围绕一朵团花，有三个支钉痕，内壁印三朵芍药花，其间各饰一只蜜蜂。胎外挂白色化妆土，内壁施黄，绿，白三色釉，外壁施绿釉不及底，釉色均匀，光艳润泽。

三彩海棠盘

辽代
喀左县平房子镇三台村出土
长 26.1 厘米，宽 15.3 厘米
现藏于喀左县博物馆

釉陶。作八曲海棠花式口沿，浅腹，平底。口沿为唐草纹，内底中央印落花水纹图案。胎体外挂白色化妆土，器内施以黄色釉突出主题纹饰，绿色釉附衬于周围，从而使整个花纹主次分明，色调对比强烈，外壁施黄釉不及底。

三彩剔花碟

金代

喀左县坤都营子乡坤都营子村出土

高 2.5 厘米，口径 10.5 厘米，底径 5.5 厘米

现藏于喀左县博物馆

釉陶。侈口，弧腹，圈足，外挂白色化妆土。内底剔划花卉纹，其外有一周弦纹。内壁分饰黄，绿，白三色釉，外壁施绿釉不及底。

三彩花卉纹盘

元代

喀左县利州街道出土

高 4 厘米，口径 17.9 厘米，底径 8.3 厘米

现藏于喀左县博物馆

釉陶。口微敛，浅腹，圈足。外挂白色化妆土。内底划花卉纹，其外有一周弦纹。内壁分饰黄，绿，白三色釉，外壁施绿釉不及底。

绿釉渣斗

元　代

喀左县尤杖子乡前钢沟村出土

通高 10.5 厘米，口径 17.5 厘米，底径 8 厘米

现藏于喀左县博物馆

釉陶。敞口，平沿外展，束颈，溜肩，弧腹，平底。外壁通体施绿釉，内壁及平底无釉。

扑满

灰陶。器顶圆鼓，中央有一条形孔，斜腹渐收。平底中央有一椭圆形开口。腹下有三个对称圆形孔。

辽代

喀左县利州城内出土

高14.8厘米，腹径17.5厘米，底径8.5厘米

现藏于喀左县博物馆

菩萨头像陶范

金代

喀左县甘招镇砖厂出土

长 15.5 厘米，宽 9 厘米，高 7.2 厘米

现藏于喀左县博物馆

红陶。菩萨头戴花冠，面部丰腴，细眉凤目，鼻梁高耸，小口丰唇，双耳佩戴花式耳饰，神态端庄，面目慈祥。

红陶菩萨头像

金代

喀左县甘招镇砖厂出土

长17厘米，宽10.8厘米

现藏于喀左县博物馆

红陶模制。菩萨头戴花冠，面部丰腴，细眉凤目，鼻梁高耸，小口丰唇，双耳佩戴花式耳环，神态端庄，面目慈祥。

菩萨头像陶范

金代

喀左县甘招镇砖厂出土

长 18.4 厘米，宽 13.8 厘米，高 7 厘米

现藏于喀左县博物馆

红陶。菩萨神态端庄，气质典雅，圆脸丰腴，细眉凤目，鼻梁高耸，小口丰唇，双目下视，比例准确，制作精致。

陶香炉

金代

喀左县甘招镇砖厂出土

高9厘米，口径10.3厘米

现藏于喀左县博物馆

灰陶模制。展沿，方唇，直腹，圜底，下置三兽形足。肩部饰藩草纹，其下饰三朵折枝牡丹，穿插菊花纹。

灰陶暖砚

金代

喀左县甘招镇砖厂出土

长 23.5 厘米，宽 14 厘米，高 8.9 厘米

现藏于喀左县博物馆

灰陶，长方形，中空。砚面有箕形墨池和如意头状水槽，两侧面刻划缠枝藩草纹，各有四圆孔，四角起棱，棱上有数道刻划纹。前部贴塑狮首，后部有圆角长方形开口。

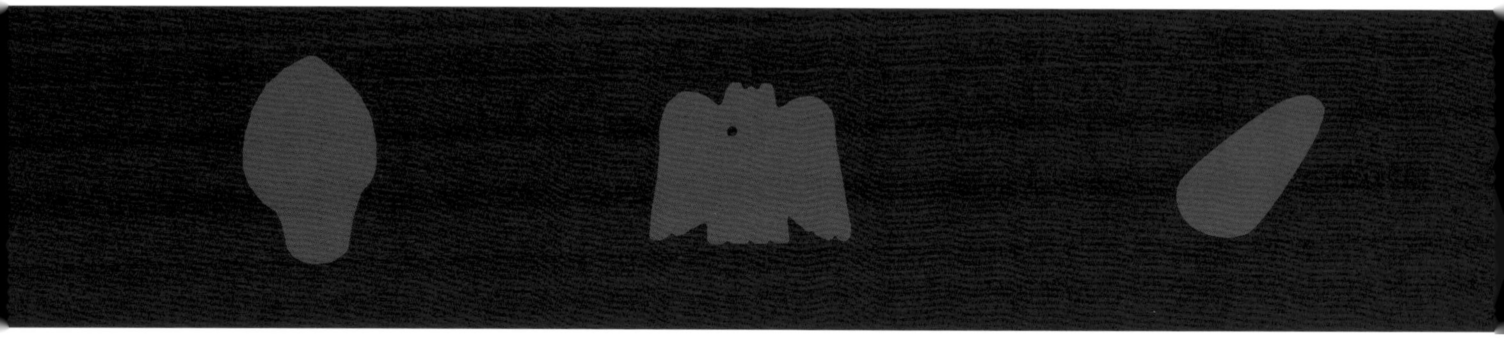

第四部分

瓷器

白釉剔划缠枝牡丹纹填黑彩罐

辽代

喀左县利州城址出土

通高 29.2 厘米，口径 25.5 厘米，腹径 36 厘米，底径 16.9 厘米

现藏于喀左县博物馆

圆口，溜肩，鼓腹，平底。肩部有两道弦纹，中间有数道水波纹，腹部剔划缠枝牡丹，空地填黑彩，下腹有道弦纹。器身施化妆土，施白釉不及底。

龙凤纹罐

元代

喀左县羊角沟镇铁沟门村出土

高 39 厘米，口径 19.2 厘米，底径 17 厘米

现藏于喀左县博物馆

直领，丰肩，鼓腹，敛足，通体施白釉为地，于肩部饰间隔双弦纹，中间点带纹，腹部开光绘龙凤纹各一，龙的头部较小，曲身，周围衬以云朵，龙体描绘粗犷，凤纹描绘细腻，作展翅飞翔状，羽毛清晰，周围衬以卷云纹。

龙凤罐

元代
喀左县中三家镇孤山子村出土
高 28 厘米，口径 17 厘米，底径 12.9 厘米
现藏于喀左县博物馆

直口，圆唇，广肩，鼓腹，敛足。内外均施白釉为地，肩部饰铁彩缠枝海棠花卉图案，腹壁开光，绘有一龙一凤，作飞舞状，龙凤四周填以云纹，好似龙凤凌空遨游。

白釉盏托

胎薄细腻，通体施白釉显青，釉色均匀光亮。盏盅圆口内敛，鼓腹，内底圆凹。托盘圆口上敛，浅腹，圈足。

辽代

喀左县利州城内出土

高 3.7 厘米，口径 4.7 厘米，底径 3.4 厘米

现藏于喀左县博物馆

白釉花式碟

辽代

喀左县利州城内出土

高 3.3 厘米，口径 10.7 厘米，底径 3.6 厘米

现藏于喀左县博物馆

灰白胎，胎薄细腻，通体施白釉，釉色均匀。花式口，浅腹，圈足。

白釉碟

辽代

喀左县利州城内出土

高 3.3 厘米，口径 10.6 厘米，底径 3.6 厘米

现藏于喀左县博物馆

灰白胎，胎薄细腻，通体施白釉，釉色均匀，浅腹，圈足。

白釉瓜棱形盖罐

辽代

喀左县利州城内出土

通高 3.9 厘米，口径 4.7 厘米，底径 3.2 厘米

现藏于喀左县博物馆

灰白胎，胎质较细腻，施白釉不及底，釉色均匀，体呈瓜棱形，直口，有盖。

白釉魂瓶

辽代

喀左县利州城内出土

通高 11.7 厘米，口径 5.9 厘米，底径 5.5 厘米

现藏于喀左县博物馆

灰白胎，通体施白釉，釉色均匀。平沿外展，圆唇，肩上有五粗流，浅圈足。

白釉刻菊瓣纹执壶

辽代

喀左县白塔子镇杨杖子村出土

通高 21.5 厘米，口径 3.2 厘米，底径 10 厘米

现藏于喀左县博物馆

管状直口，圆唇，折肩，深弧腹，圈足。肩部贴塑管状斜直流，另一侧置执柄连于肩颈部。腹部刻菊瓣纹，花瓣细长。执壶施白釉不及底。

白釉碗

辽代

喀左县白塔子镇白塔子村出土

高 13.5 厘米，口径 28.3 厘米，底径 11 厘米

现藏于喀左县博物馆

敞口，深腹，圈足，内底有四块渣垫痕，施白釉不及底。

白釉钵

辽代

喀左县白塔子镇杨杖子村出土

高 10 厘米，口径 28 厘米，底径 9.8 厘米

现藏于喀左县博物馆

子口微敛，圆唇，深腹，圈足，底心有四块渣垫痕。施白釉不及底，釉色光亮。

白釉渣斗

辽代

喀左县白塔子镇杨杖子村出土

高 13 厘米，口径 18.3 厘米，底径 7 厘米

现藏于喀左县博物馆

侈口，圆唇，鼓腹，圈足。通体施乳白釉，外部施釉不及底。

白釉铁口碗

辽代

喀左县平房子镇棉麻站出土

高 8 厘米，口径 14.6 厘米，底径 5.6 厘米

现藏于喀左县博物馆

口微侈，圆唇，弧腹，圈足。内底有四块渣垫痕，施白釉不及底，口沿施酱釉。

白釉刻荷花纹碗

金代

喀左县羊角沟镇采集

高 9 厘米，口径 23.8 厘米，底径 13 厘米

现藏于喀左县博物馆

直口，深腹，圈足。口沿内有一周浅弦纹，器内饰一朵盛开的荷花。通体施白釉，釉色匀润，富有光泽，胎体较薄。

白釉玉壶春瓶

金 代

喀左县羊角沟镇烧锅杖子村出土

高 31 厘米，口径 5.5 厘米，底径 6.8 厘米

现藏于喀左县博物馆

喇叭口，细长颈，溜肩，鼓腹，圈足。通体施白釉，釉色洁白明亮，造型优美，挺拔均称。

茶末釉鸡腿瓶

辽代

喀左县坤都营子乡下店村出土

高 56 厘米，口径 8 厘米，底径 10.5 厘米

现藏于喀左县博物馆

缸胎，通体施茶末釉。小口，圆唇，肩部丰满，下腹瘦长，平底。

三彩瓷枕

金代

喀左县大城子街道北村出土

长 36 厘米，宽 15 厘米，高 13.2 厘米

现藏于喀左县博物馆

瓷枕前低后高，中间微凹，四面出檐。枕面呈如意形，刻划喜鹊登梅图。枕侧整体塑双首虎形，大面积贴塑花果植物纹，使老虎如同在茂林中的感觉；虎的形态是伏卧于地，虎头伏于并拢的前足上，虎目圆睁，高眉，隆鼻，齿外露，虎尾卷曲于臀部；虎尾部的湖石旁，侧坐一仕女，左手握左足腕部，右手握拳，前臂枕置于石上，神态悠闲。

黑釉酱斑碗

侈口，深腹，圈足。圈足内有“魏六”两字。施酱釉不及底，有窑变现象，色彩斑斓。

金代

喀左县国营砖厂出土

高 5 厘米，口径 10.5 厘米，底径 4 厘米

现藏于喀左县博物馆

黑釉兔毫斑碗

元代

喀左县羊角沟镇铁沟门村采集

高 7.7 厘米，口径 17.8 厘米，底径 6.7 厘米

现藏于喀左县博物馆

侈口，圆唇，斜直腹，圈足。施黑釉不及底，内壁有兔毫斑纹。

钧釉碗

元代

喀左县大城子街道北村出土

高 8.4 厘米，口径 19.7 厘米，底径 6.4 厘米

现藏于喀左县博物馆

敛口，深腹，圈足。施月白釉不及底，釉层较厚。

钧釉碗

敛口，深腹，圈足。
施青釉不及底。

元代

喀左县大城子街道西村出土

高 5.6 厘米，口径 14 厘米，底径 5.4 厘米

现藏于喀左县博物馆

钧釉盘

元代

喀左县草场乡南汤村出土

高 3.9 厘米，口径 16 厘米，底径 6.4 厘米

现藏于喀左县博物馆

立沿，浅腹，圈足。通体施月白釉，圈足内无釉。

青釉碗

元代

喀左县平房子镇山湾子村采集

高 4.4 厘米，口径 11.3 厘米，底径 2.8 厘米

现藏于喀左县博物馆

敛口，深腹，小圈足，利坯纹明显。通体施青釉，底足内无釉。

青釉印花瓷碟

元代

喀左县平房子镇双庙村出土

高3厘米，口径12厘米，底径6厘米

现藏于喀左县博物馆

瓷碟呈花式口，浅腹，圈足，内底印花。通体施青釉。

三系瓶

元代

喀左县六官营子镇梅素奤村出土

高 20.2 厘米，口径 5 厘米，底径 7 厘米

现藏于喀左县博物馆

小口，圆唇，短颈，三条带状系贴附于颈肩部，鼓腹，圈足。腹部有“次壹平好酒”五字，胎质粗糙，瓶身外挂白化妆土，瓶内及肩以上施茶末釉。

酱釉四系罐

直口，颈部有桥形四系，溜肩，肩上有两道弦纹，假圈足。器内满釉，器外施酱釉不及底。

明代

喀左县公营子镇塔子下村出土

高 5.7 厘米，口径 5.9 厘米，底径 6.2 厘米

现藏于喀左县博物馆

青花九品攒盘

清代

喀左县南公营子镇西村征集

通长 33 厘米，高 2 厘米

现藏于喀左县博物馆

一组共9件，分三品，均为直口浅腹，组成一套正方形攒盘。盘内用青花绘制缠枝花卉纹，外壁施白釉，平底无釉。

粉彩四季花卉纹盘

清代

喀左县平房子镇山湾子村采集

高 2.5 厘米，口径 18 厘米，底径 10.5 厘米

现藏于喀左县博物馆

圆形，敞口，浅腹，圈足。盘内中心以粉彩绘带叶双桃，周边绘四季折枝花卉。口沿外绘三红彩蝙蝠纹，外底中心绘盘长纹。

粉彩龙纹洗

敞口，平沿外展，直腹，平底。除口上沿，通体施黄釉，口沿以粉彩绘四开光花卉纹，间饰四红彩蝙蝠纹，锦纹为地；壁绘缠枝花卉纹，底绘团龙，中央饰“福寿”纹。外壁彩绘四组灵芝纹，外底饰两周梅花纹。中心篆书“大清乾隆年制”款。

清 代

喀左县博物馆旧藏

高 8.4 厘米，口径 42 厘米，底径 31 厘米

现藏于喀左县博物馆

玉壶春瓶

清代

喀左县羊角沟镇贝子沟村征集

高 27.2 厘米，口径 12 厘米，底径 13.1 厘米

现藏于喀左县博物馆

盘口，长颈，鼓腹，圈足。施黑釉不及底，圈足内有反印楷体“源復”两字。

双耳瓶

清代

喀左县白塔子镇大西山村征集

高 12.5 厘米，口径 4.5 厘米，底径 5.4 厘米

现藏于喀左县博物馆

喇叭口，长颈，酱釉狮首双耳，鼓腹，圈足。肩部贴饰酱釉如意云雷纹一周，通体施黄釉，底足内施白釉，刻酱釉“成化年制”款。

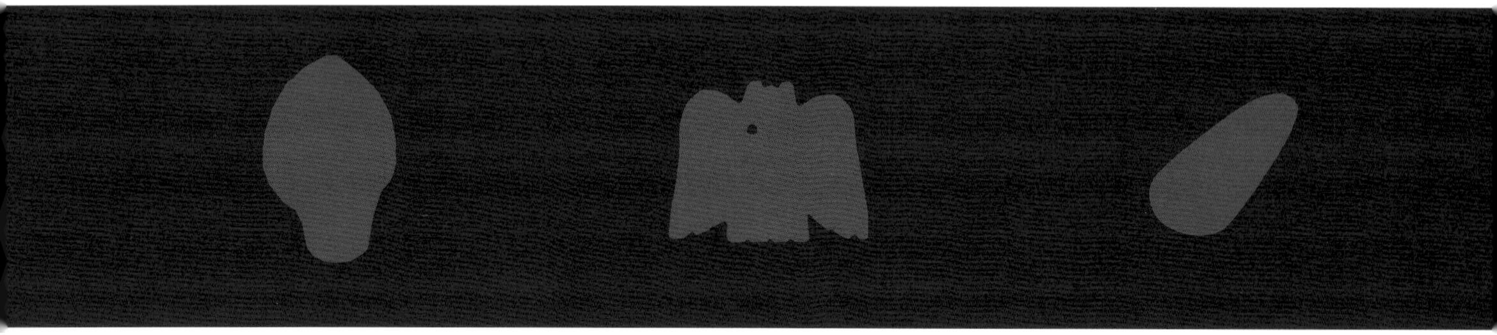

第五部分

铜器

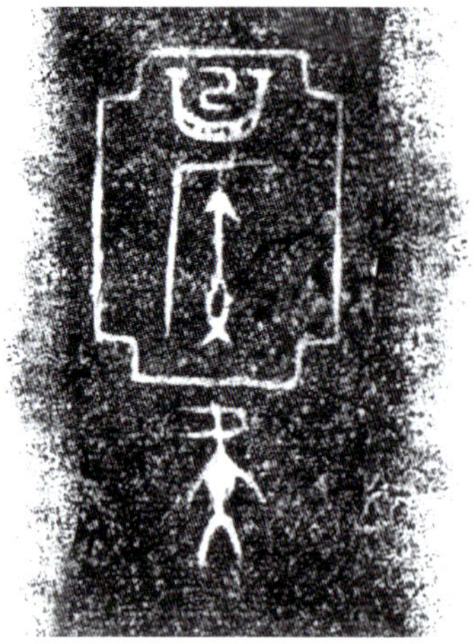

箕侯方鼎

商代

喀左县北洞村窖藏坑出土

高52厘米，口长40.6厘米，口宽30.6厘米

现藏于辽宁省博物馆

上口略大于腹底，方唇外折沿，置对称立耳。腹外壁上部饰饕餮纹，雷纹衬地；下部饰乳钉纹。四圆柱状足饰蝉纹。腹内壁铸“丁亥𠨘商（赏）又（右）正要嬰贝在穆朋二百要扆（扬）𠨘商（赏）用作母己尊彝”4行24字铭文，内底有“箕侯亚矣”铭文，可知为赏赐祭器。此鼎形态与著名的商代“司母辛”鼎相似，是商代青铜器中的珍品。

饕餮纹圆鼎

深腹，口沿外折，曲槽形立耳，柱足中空与腹相通，范线清晰。口沿下饰六组饕餮纹，足亦饰饕餮纹，中心的棱脊不仅掩饰合范痕迹，更增加了装饰效果。此鼎具有商代中期的纹饰特点。

商代

喀左县坤都营子乡小波汰沟村出土

通高 86 厘米，口径 61 厘米

现藏于辽宁省博物馆

六扉棱圆鼎

西周

喀左县坤都营子乡小波汰沟村出土

高 41 厘米，口径 32.5 厘米

现藏于喀左县博物馆

圆鼎为方唇折沿，下腹微涨，圜底，蹄足，附耳。器身由三组图案组成，腹部有六道扉棱，每组图案由三段组成，上段饰夔龙纹，云雷纹地；中段饰直条纹；下段饰蝉纹，云雷纹衬地。三蹄足起扉棱饰夔龙纹。此器造型美观，铸造工艺精良。

夔凤纹鼎

侈口，沿外折，两侧附曲形双耳，圜底，柱状足。口沿下饰一周夔凤纹。

西周

喀左县山嘴子镇海岛营子村出土

通高 23.5 厘米，足高 10 厘米，宽 39 厘米

现藏于辽宁省博物馆

叔尹方鼎

长方体，上口略小于腹底，口沿外折，置双立耳，腹呈垂袋式，柱足中空与腹相通。鼎内底有“叔尹乍旅”四字铭文。

西周

喀左县平房子镇山湾子村出土

高 21.7 厘米，口径 17.5 厘米 ×13.5 厘米

现藏于辽宁省博物馆

盖鼎

战国

喀左县平房子镇山湾子村采集

通高 18.7 厘米，口径 16.7 厘米

现藏于喀左县博物馆

圆鼎有盖，盖为覆钵形，上有三个带乳钉的环钮，倒置即三足。口与盖呈子母口状，口沿处有对称立耳，直腹，腹部有一周凸起弦纹。圜底，腹下承接三蹄形足。

方耳弦纹甗

直口，立耳，腹壁较直，三个袋状足，柱状实足跟，腹部及袋足饰弦纹。器身有三条清晰范线。

商　代

喀左县坤都营子乡小波汰沟村出土

高55.5厘米，口径29厘米，腹径25.7厘米

现藏于喀左县博物馆

鱼尊

商代

喀左县平房子镇山湾子村出土

通高 36.8 厘米

现藏于辽宁省博物馆

大口外撇，细筒状腹，近底形成外撇圈足。外表铸扉棱，间有分布均匀的弦断纹。腹面纹饰可分上、中、下三段，上段为蕉叶形饕餮纹与夔凤纹；中段和下段为饕餮纹，中间有十字形镂孔。圈足内底中心铸有“鱼”形图案。

夔龙纹瓿

商代

喀左县平房子镇高家洞村出土

高 15.5 厘米，口径 14.5 厘米，底径 15.4 厘米

现藏于喀左县博物馆

方唇展沿，束颈，鼓腹，高圈足，颈部饰两道弦纹，上腹饰饕餮纹，腹中部饰雷纹，圈足饰云纹，圈足有三方孔。

圉簋

商代

喀左县坤都营子乡小波汰沟村出土

通高 29.2 厘米，座高 13.5 厘米，座宽 37.8 厘米

现藏于辽宁省博物馆

侈口，方唇，垂腹，两侧置有高耸的兽形双耳，耳下有长方形垂珥，高圈足外撇，足下铸有方座。腹中部及圈足上铸有扉棱，腹部两面、方座四隅均饰饕餮纹，圈足饰一周夔龙纹。此簋造型美观，铸工精湛，方形器座使簋显得更加稳重。

雷乳纹簋

西周

喀左县平房子镇山湾子村出土

高 18.1 厘米，口径 26.4 厘米

现藏于辽宁省博物馆

侈口，圆唇，鼓腹，兽耳有珥，高圈足外撇，口沿下和圈足饰变形夔龙条带纹饰，间以雷纹衬地。腹表饰斜方格纹，每一方格内饰一凸起的乳钉。器内底有“作宝尊彝”四字铭文。

蟠龙盖罍

西周

喀左县平房子镇北洞村出土

高 44.5 厘米，口径 15.3 厘米

现藏于辽宁省博物馆

口沿外卷，方唇，束颈，广肩，鼓腹，肩上有兽形双耳，耳环内套铸一圆环，下腹斜收，腹下饰一兽首挂钮，底作圈足。盖为覆钵形，上有一条前肢撑立、昂首向前的盘龙，额顶两侧作圆柱状直立双角，身饰“白”字形鳞纹，盖壁饰云雷纹一周。上腹饰卷身夔纹，下腹饰饕餮纹，雷纹衬地。圈足上壁饰夔纹一周。

方罍

直口，方唇，高颈，斜直腹，高圈足外撇。通体铸八道扉棱，肩部两侧置兽形双耳，耳环内套铸一圆环，肩部饰弦纹及兽面纹，腹部饰兽面纹。颈、足饰夔龙纹。罍盖作庑殿顶状，盖钮呈蘑菇形，盖面饰兽面纹。

西周

喀左县平房子镇山湾子村采集

通高 47 厘米，口径长 15.2 厘米，宽 13.2 厘米

现藏于辽宁省博物馆

涡纹罍

西周

喀左县平房子镇山湾子村出土

高31厘米，口径17厘米，底径17厘米

现藏于喀左县博物馆

平沿内折，方唇，束颈，长圆腹，圈足外撇。肩两侧置牛首双耳，耳环内套铸一圆环，颈肩部有四道凸弦纹，环列六个凸起的涡纹，腹下饰一牛首挂钮。

史方罍

西周

喀左县平房子镇山湾子村出土

高 33 厘米，口径长 14 厘米，宽 12.8 厘米

现藏于喀左县博物馆

直口，平沿，高颈，罍肩部略宽，斜直腹，高圈足外撇。颈、肩及足均饰凸弦纹，圆肩两侧置兽形双耳，耳环内套铸一圆环，口沿内铸“史”字铭文，肩饰兽首、涡纹。腹下饰一兽首挂钮。

涡纹圆罍

西周

喀左县平房子镇北洞村出土

高 43.5 厘米，口径 19 厘米，底径 20 厘米

现藏于喀左县博物馆

平沿，方唇，高领，下腹内敛，圈足外撇，有两周弦纹。肩两侧置兽形双耳，颈肩部有两道凸弦纹，环列六个凸起的涡纹，腹下饰一兽首挂钮。

罍 盖

西周

喀左县坤都营子乡小波汰沟村出土

高 7 厘米，口径 17.9 厘米

现藏于喀左县博物馆

球冠形。口沿下部饰布纹、乳钉纹和水波纹，水波下有一挂钮。仰置可作钵使用。

双耳鬲

侈口，方沿，上置曲形双立耳，束颈上饰两周弦纹，下承接三个袋状足。

西周

喀左县平房子镇山湾子村出土

高 17.5 厘米，口径 14.6 厘米

现藏于辽宁省博物馆

燕侯盂

西周

喀左县山嘴子镇海岛营子村出土

高 24 厘米，口径 34 厘米

现藏于中国国家博物馆

侈口，方唇，深腹，圈足，两侧附曲形双耳。耳有连系横柱。腹壁外饰凤纹，圈足饰夔纹。腹内壁铸有“燕侯乍（作）饙盂”五字铭文。

鸭形尊

尊呈站立的鸭形，昂首伸颈，扁嘴圜眼，尾有扁羽，腹壁两侧铸有翼形纹饰，背上有圆形敞口。足作三点式分布于胸腹部，前为蹼脚，后为柱状支脚。

西周

喀左县山嘴子镇海岛营子村出土

通高 44 厘米，足高 8 厘米

现藏于中国国家博物馆

蝉纹盘

西周

喀左县山嘴子镇海岛营子村出土

高 12.8 厘米，口径 33.5 厘米

现藏于辽宁省博物馆

侈口，方唇，腹内收，圈足。口沿下及圈足饰蝉纹，纹饰清晰，具有较鲜明的时代特征。

史伐卣

西周

喀左县山嘴子镇海岛营子村出土

高 24.5 厘米，最大腹径 20.5 厘米

现藏于辽宁省博物馆

卣由提梁、盖、器身三部分组成。提梁两端铸环置于腹肩半圆环孔内，环外铸兽首耳，兽颈内空，覆扣于肩环上顶，不仅有装饰作用，亦可使提梁始终保持竖立状态。覆钵状盖，顶有喇叭状钮，沿周边饰一周夔凤纹带和一组对称的浅浮雕羊首。垂腹上部纹饰与盖相同，圈足外撇，中部饰有两周凸弦纹，器盖及器底内壁均铸“史伐作父壬尊彝”七字。

匜

直口，弧腹，圜底，管状流，素面。匜流行于西周。

西周

喀左县平房子镇北洞村出土

高 10 厘米，口径 16 厘米，腹径 17.5 厘米

现藏于喀左县博物馆

铃首匕

西周

喀左县坤都营子乡小波汰沟村出土

长 30 厘米，宽 5 厘米

现藏于喀左县博物馆

舌状匕身，柄端作铃首，有四水滴状孔，柄与匕身之间有一圆形孔。

敦

战国

喀左县平房子镇山湾子村采集

高 13.3 厘米，口径 15.5 厘米

现藏于喀左县博物馆

半球形，子母口，环状双耳置于沿下，圜底，下接三足，肩饰蟠虺纹，雷纹为地，腹饰三角折带纹，内饰蟠虺纹。

壶

侈口，束颈，溜肩，鼓腹，高圈足微撇，肩腹部饰三道凸弦纹。

战国

喀左县平房子镇山湾子村采集

高25厘米，口径10厘米，底径12厘米，腹径20.5厘米

现藏于喀左县博物馆

铺首衔环甑

汉代

喀左县平房子镇小营村出土

高6厘米，口径11.9厘米，底径6厘米

现藏于喀左县博物馆

平沿外展，敛腹，圈足。兽首衔环，底有条形篦孔。

盆

展沿，弧腹，平底内凹，器壁较薄。

汉代

喀左县平房子镇山湾子村采集

高 9.2 厘米，口径 18 厘米，底径 6.2 厘米

现藏于喀左县博物馆

匜

匜为半球形，一侧有流，扁直柄较宽，其上有五个穿孔。

十六国

喀左县收购站征集

口径 12.8 厘米，流长 4.3 厘米，柄长 6.5 厘米

现藏于喀左县博物馆

银卧佛

辽代

喀左县利州城内出土

通长6.7厘米

现藏于喀左县博物馆

银质佛祖涅槃像。身着袒右肩袈裟，腰系花结，衣纹流畅自然，侧身卧姿，双腿并拢，左手臂置于体侧，右手支颐，双目微闭，自在安详。

铜卧佛

铜质佛祖涅槃像。身着袒右肩袈裟，腰系花结，衣纹自然流畅。侧身卧姿，双腿并拢，左手臂置于体侧，右手支颐，双目微闭，自在安详。

辽代

喀左县利州城内出土

通长8.5厘米

现藏于喀左县博物馆

释迦牟尼佛坐像

唐代

喀左县利州城内出土

通高 25 厘米，宽 9.8 厘米

现藏于喀左县博物馆

佛祖螺发，面相庄严，双耳垂肩，内着圆领僧衣，腰系宽带，外着通肩式袈裟，衣纹自然流畅，佛左手置于腹前结禅定印，右手上举于胸前施无畏印。结跏趺坐于仰莲座上，下端是叠涩三层台式底座，中间用一略扁圆形铁球和圆柱相承接。佛身后有较高的火焰形背光，上面镂空精美的莲花等图案。

菩萨坐像

唐代

喀左县利州城内出土

通高 19 厘米，宽 8.2 厘米

现藏于喀左县博物馆

菩萨头戴三叶宝冠，面相慈眉善目，眉间现白毫，身着天衣，胸前饰项圈，博带打结及璎珞，戴臂钏，左手斜置于腹前施与愿印，右手臂上举于胸前手执法器（缺失），结跏趺坐在展翅欲飞的鸱鸮背座上，座下是五层台级式六边形底座，中部有一略扁圆形铁球和圆柱相承接。菩萨身后有火焰形背光。上面镂空精美的缠枝纹。

菩萨坐像

唐代

喀左县利州城内出土

通高 19 厘米，宽 8.3 厘米

现藏于喀左县博物馆

菩萨头戴三叶宝冠，慈眉善目，面带微笑，眉间现白毫，身着天衣，冠带垂至肩，衣纹自然流畅，胸前璎珞盛饰，戴臂钏，左手覆于左膝上结触地印，右手上举于胸前手执法器（缺失），跏趺坐在展翅欲飞的鸱鸮背座上，座下是五层台级式六边形底座，中部有一略扁圆形铁球和圆柱相承接。菩萨身后有火焰形背光，上面镂空精美的缠枝纹。

佛祖立像

辽代

通高 22.5 厘米

现藏于喀左县博物馆

立姿铜佛像。螺发高髻，两耳垂肩，双目低垂，面相饱满庄严，身着通肩式袈裟，宽衣广袖，腰部系花结，双臂弯曲向前。背面由肩下至足有凹槽，背光已失。

无量寿佛

铜质鎏金。佛戴七叶宝冠，耳铛垂肩，弯眉细目，挺鼻樱唇，面容慈祥，披帛自肩绕双臂垂于莲座。胸前饰璎珞，臂戴钏钿，下着僧裙，双手于腹前结禅定印，全跏趺坐于莲座之上。

清代

通高 10.5 厘米

现藏于喀左县博物馆

菩萨立像

清代

通高 28.3 厘米

现藏于喀左县博物馆

铜质鎏金。立像，头戴宝冠，脑后两绺烤蓝曲发垂于肩上，面相饱满庄严，眉间有白毫，耳铛垂肩，胸前瓔珞盛饰，手臂戴钏钿，右臂上举，手指自然弯曲，左臂曲于胸前，手心向外结说法印，披帛由肩绕臂垂至腿部。下身着紧身僧裤，双足腕部有连珠串饰。

莲花生大师坐像

清代

通高 15 厘米，宽 9.2 厘米

现藏于喀左县博物馆

黄铜材质，头戴宝冠，耳珰垂肩，三缕烤蓝发辫垂于肩背，面相饱满，威严，上身着通肩式宽袖袈裟，外披僧氅，胸前盛饰瓔珞，右臂弯曲于胸前手握金刚杵，左臂弯曲于腹前，手托嘎巴拉碗，内有长寿宝瓶，衣纹自然流畅，结跏趺坐于莲台上。原有背光已失，仅余卡槽。

祖师坐像

清代

通高19厘米，宽11厘米

现藏于喀左县博物馆

此像头戴班智达冠，内穿交领短袖衫，外着袒右式袈裟，内外衣缘錾刻花纹，衣纹流畅，双眼平视，面相沉静，双手胸前结说法印，全跏趺坐于仰覆莲座之上。

祖师坐像

清代

通高18厘米，宽13厘米

现藏于喀左县博物馆

此像头戴班智达冠，面相饱满庄严，身着藏式袈裟，双手胸前结说法印，左右两臂之上各有一枝莲花，左肩花上托有经卷，右肩花上有直立的宝剑。全跏趺坐于仰覆莲座之上。

银净瓶

小口，细长颈，颈中部有一相轮，丰肩，腹下渐收接饼状足。肩部一侧附曲流，肩部一周錾刻五组云纹。

辽代

喀左县利州城内出土

通高 9.7 厘米，底径 2 厘米

现藏于喀左县博物馆

银鎏金菩提树

辽代

喀左县利州城内出土

高31厘米

现藏于喀左县博物馆

树冠枝繁叶茂，顶端开一朵大莲花，余下各层枝叶间开有莲花，莲蕾、莲蓬穿插其间，盛开的莲花内均化生一尊小坐佛。树干由多股细银丝缠绕而成。（底座为展陈方便而后配）

曲刃青铜短剑

凌河文化

长 32.5 厘米，宽 4.9 厘米

现藏于喀左县博物馆

尖锋，曲刃，
中部起脊，短茎。

直刃青铜短剑

尖锋，直刃，短茎。

凌河文化

喀左县大城子街道出土

长 32 厘米，宽 3.8 厘米

现藏于喀左县博物馆

铜戟

凌河文化

长 22.5 厘米

现藏于喀左县博物馆

尖锋，援体狭长，两侧有刃至胡部，中部起脊，上下有胡，基部有上下对称两个方穿，戟的上部残缺，断面处亦有穿，下出阑，胡下部有连弧状三刺，短方内。

铜戈

凌河文化

长 22.5 厘米，宽 9.5 厘米

现藏于喀左县博物馆

援体狭长，胡下部有一穿，上下出阑，长方形内。

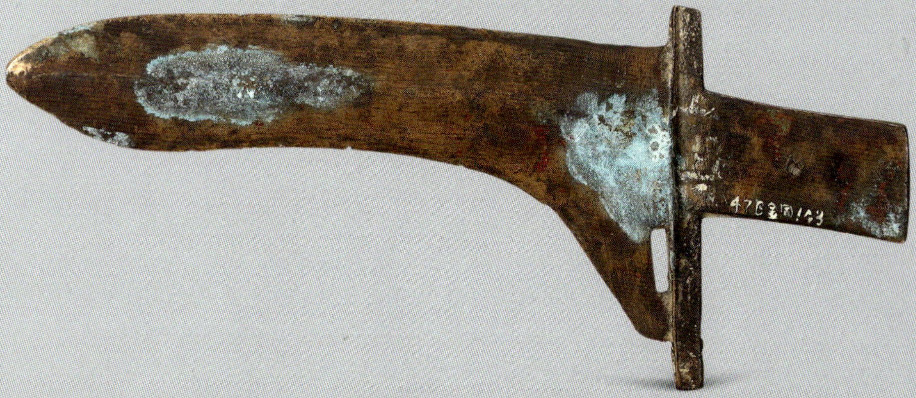

铜盔

胄呈半球形，左右护耳向下伸展，边缘各有一穿孔，顶有方形桥钮。

凌河文化

喀左县甘招镇东赤里赤村出土

高 20 厘米，宽 20 厘米

现藏于喀左县博物馆

弩机

唐代

通长19厘米，宽7.5厘米，高10厘米

现藏于喀左县博物馆

郭平面呈“凸”字形，郭体以两键固定望山与悬刀，钩心缺失。

铜凿

凿体较长，长方銎略宽，近銎有一周凸棱，单面弧刃。

凌河文化

喀左县老爷庙镇果树营子村出土

长10厘米，宽2.5厘米

现藏于喀左县博物馆

方銎弧刃斧

直体，双面弧刃，方銎，銎缘有凸弦纹，下饰网格纹。

凌河文化

长6厘米，宽3.5厘米

现藏于喀左县博物馆

铜带钩

扁长钩体，蛇形钩首，背中部有圆钮。

汉代

喀左县草场乡南沟门村出土

长 19.3 厘米，宽 1.4 厘米

现藏于喀左县博物馆

琵琶形带钩

通体呈琵琶形。蛇形钩首，钩体肥大，正面起脊，背有圆钮。

汉代

喀左县平房子镇黄道营子村出土

通长 6.4 厘米

现藏于喀左县博物馆

鐎斗

平沿外展，折腹，腹饰五周凸弦纹，底置三足向内微曲。腹与沿处接曲柄（残断）。

东汉

通高13厘米，口径19.8厘米，底径14.5厘米

现藏于喀左县博物馆

双耳铜鍑

敛口，双立耳，深腹，平底。鍑体两侧各有清晰范线。

北魏

高23厘米，口径18厘米，底径12厘米

现藏于喀左县博物馆

铜盉

辽代

喀左县一中苹果园出土

高 11 厘米，口径 5 厘米，底径 6.2 厘米

现藏于喀左县博物馆

覆钵形盖，上有火焰形钮。盉体溜肩，弧腹，平底，一侧置管状流，与流呈直角位置接管状横柄，柄近盉体端有环钮以铜链与盖钮相连。

执壶

辽代

高 21.5 厘米，口径 4.8 厘米，底径 6.4 厘米

现藏于喀左县博物馆

覆钵形盖，上有火焰形钮。壶喇叭口，细长颈，溜肩，弧腹，平底，一侧置三弯细长流，另一端在口与肩部接曲柄，柄近壶体端有环钮以铜链与盖钮相连。

云纹熨斗

金代

高 12.5 厘米，口径 15.2 厘米，底径 12 厘米，柄长 9.5 厘米

现藏于喀左县博物馆

云朵形口，斜直腹，平底。腹两侧饰卷云纹，底缘凸起条带纹。熨斗较高端接管状柄。柄上饰兽面纹，柄端起凸棱，并有一穿系圆孔。

「王院师好手」铭熨斗

直口，平沿内折，直腹，平底，沿边铸云头护手，下接长柄。内底竖铸反书阳文“王院师好手”五字铭文。

金代

喀左县南公营子镇白草沟村出土

高8.5厘米，口径18厘米，底径16厘米，柄长16厘米

现藏于喀左县博物馆

部曲将印

汉代

边长 2.4 厘米，通高 2 厘米

现藏于喀左县博物馆

正方形印面，桥状印钮，印面有“部曲将印”四字篆书阴刻印文。

狮钮铜印

汉代

边长 2.5 厘米，通高 1.8 厘米

现藏于喀左县博物馆

方形印面，回首狮形印钮，印面阳刻一篆文。

阜俗县印

辽代

喀左县水泉镇马营子村出土

边长6.7厘米，通高4.2厘米

现藏于喀左县博物馆

正方形印面，柱状印钮，印面有“阜俗县印”四字篆书阳刻印文。

铜印

辽代

喀左县十二德堡镇出土

边长8.2厘米，通高4厘米

现藏于喀左县博物馆

正方形印面，柱状印钮，印台顶部錾刻有“上”字铭文，做钤印时使用，印面有“□□□□□□”六字篆书阳刻印文。

惠州监支纳印

正方形印面，柱状印钮，钮顶部錾刻有“上”字铭文，做钤印时使用，印面有“惠州监支纳印”六字篆书阳刻印文。印体一面有边款。

辽代

喀左县公营子镇土城子村

边长 6.8 厘米，通高 4.8 厘米

现藏于喀左县博物馆

契丹文铜印

方形印面，柱状印钮缺失，印面为阳刻篆书契丹文，这方印为研究契丹文化提供了新的资料。

辽代

喀左县南公营子镇南村出土

边长 7.3 厘米

现藏于喀左县博物馆

草场之记印

方形印面，柱状印钮，钮顶部錾刻有“上”字铭文，做钤印时使用，印面有“草场之记”四字篆书阳刻印文。

辽代
喀左县南公营子镇南村出土
边长5.9厘米，通高4.8厘米
现藏于喀左县博物馆

右第一军使记印

方形印面，印体顶面起二层台，柱状印钮，钮顶部錾刻有“上”字铭文，做钤印时使用，印面有“右第一军使记”六字篆书阳刻印文。

辽代
喀左县大城子街道老道沟出土
边长4.8厘米，通高3.6厘米
现藏于喀左县博物馆

都提控所之印

金代

喀左县老爷庙镇杨树下村出土

边长 7.4 厘米，通高 5.5 厘米

现藏于喀左县博物馆

方形印面，柱状印钮，钮顶部錾刻有“上”字铭文，做钤印时使用，印面有“都提控所之印”六字篆书阳刻印文。印体台面刻有“天赐二年六月，平川造”九字题记，印一侧边刻“都提控印”四字边款。

都弹压所印

金代

喀左县六官营子镇出土

边长 8.2 厘米，通高 4.5 厘米

现藏于喀左县博物馆

方形印面，柱状印钮，钮顶部錾刻有“上”字铭文，做钤印时使用，印面有“都弹压所之印”六字篆书阳刻印文。印体台面刻有“都弹压印，服字号”七字题记。

行军副提控之印

金代

喀左县大城子街道小城子村出土

边长 8 厘米，通高 3.5 厘米

现藏于喀左县博物馆

方形印面，柱状印钮，钮顶部錾刻有“上”标记，做钤印时使用，印面有“行军副提控之印”七字篆书阳刻印文。

勾当公事别字号印

金代

喀左县山嘴子镇炕杖子村出土

边长 5 厘米，通高 4.5 厘米

现藏于喀左县博物馆

方形印面，柱状印钮，钮顶部錾刻有“上”字铭文，做钤印时使用，印面有“勾当公事别字号之印”九字篆书阳刻印文。印体台面刻有“崇庆元年三月礼部造”九字题记。印一侧边刻“勾当公事别字号之印”九字边款。

勾当公事音字号之印

金代

喀左县山嘴子镇炕杖子村出土

边长5厘米，通高4.5厘米

现藏于喀左县博物馆

方形印面，柱状印钮，印面有“勾当公事音字号之印”九字篆书阳刻印文。

四神规矩镜

汉代

直径 10.4 厘米，厚 0.36 厘米

现藏于喀左县博物馆

圆钮，圆形钮座，钮座外为双线博局纹，其划分出的八个区域内分别配置瑞兽。外围依次为短斜线纹带，宽镜缘饰三角锯齿纹带、双线锯齿纹带。

四乳四虺纹铜镜

汉代

喀左县南哨街道四道营子村出土

直径 7.5 厘米，厚 0.25 厘米

现藏于喀左县博物馆

圆钮，圆形钮座。钮座外一周凸弦纹，其外两周短斜线圈带，间夹主纹，主纹为四乳四蟠虺相间环绕。四乳带圆座，四蟠虺呈“S”形，首尾向身体方向卷曲，身体周围有装饰，宽平缘。

「湖州石家」铭葵花形镜

宋代

直径 12 厘米，厚 0.35 厘米

现藏于喀左县博物馆

葵花形，桥状钮，钮右侧铸“湖州石家十郎□铜□比照子”阳文长方形牌记。

海舶菱花形镜

宋代

喀左县大城子镇北大队出土

直径 17 厘米，厚 0.45 厘米

现藏于喀左县博物馆

八瓣菱花形，平顶圆钮，一艘舟船落帆扬标行驶在波涛汹涌的海面上，水波纹布满镜背，浪花层层，并点缀一些花叶。船头、船尾各有数人。钮上部有“煌丕昌天”四字铭，书体近似蝌蚪文的变体。素窄缘上有“西京官”边款。

抚琴镜

金代

喀左县白塔子镇盛家窝铺村出土

直径19厘米，厚0.6厘米

现藏于喀左县博物馆

平顶圆钮。镜背铸四亭，亭内有一人端坐抚琴，亭间各有两只蝶，祥云相间环绕。宽平缘上有“庸记官”边款。

菊花纹镜

圆钮，内区为转轮菊花纹，外区为四组花卉纹，内外区之间有三周凸弦纹，窄缘内有两周凸弦纹，边缘刻有“利州验记官”款。

金代

喀左县利州城内出土

直径 14.2 厘米，厚 1.2 厘米

现藏于喀左县博物馆

凤雁云纹镜

金代

喀左县利州街道于家营子村出土

直径 15.5 厘米，厚 0.8 厘米

现藏于喀左县博物馆

平顶圆钮，环钮铸八朵祥云，近缘铸四凤四雁纹，凤雁同向环绕而飞。其外一周细密的连珠纹，窄沿内刻有“利州验记官”款。

「富庶县验记官」刻款镜

圆钮，素面，宽平缘，缘上刻有“富庶县验记官”边款。

金代

喀左县公营子镇土城子村出土

直径 11.4 厘米，厚 0.5 厘米

现藏于喀左县博物馆

阁童纹镜

金代

喀左县利州城内出土

直径 15.1 厘米，厚 0.55 厘米

现藏于喀左县博物馆

平顶大圆钮。镜背铸四亭，亭内有一人端坐抚琴，亭间各有一人抱物行走，似在吹奏乐器，与亭内人物相和，宽平缘上刻有“利州验记官”边款。

双鱼纹镜

金代

喀左县中三家镇任台子村出土

直径 10.4 厘米，厚 0.5 厘米

现藏于喀左县博物馆

圆钮，双鲤鱼侧身摆尾，轻盈灵巧，逐浪而戏，行转自如。游动时激起层层水波，浪花涌动，外区一圈荷叶、荷花纹带，素平缘。

菱花形具柄镜

金代

直径 7 厘米，通长 13.3 厘米，厚 0.7 厘米

现藏于喀左县博物馆

镜呈菱花形，具柄。镜背正中有一座四阿顶亭台，亭内有一人端坐抚琴，亭子四周树木花草茂盛。素缘。

仙人纹具柄镜

元代

喀左县白塔子镇于杖子村出土

直径9.2厘米，柄长8.4厘米，厚0.6厘米

现藏于喀左县博物馆

圆形具柄镜。镜背纹饰分为内外两区，内区右侧一株松树，树下石上端坐一仙人，背后立一侍童，手中持幡；镜左侧一鹤展翅飞向仙人，一灵龟向仙人爬行；外区一周流云纹。板状柄内饰花叶纹。

鸾凤和鸣镜

明代

直径 15.3 厘米，厚 0.65 厘米

现藏于喀左县博物馆

平顶圆钮，钮外四个方框内铸楷书“鸾凤和鸣”四字。鸾字左侧有长方框，框内字迹模糊，卷缘。

铜镜

明代

直径11厘米，厚0.8厘米

现藏于喀左县博物馆

平顶银锭形钮，上部楼阁，两边各一仙鹤，展翅飞向楼阁，钮左一女子，外侧一侍女，钮右一男子，外侧一小厮。下部纹饰左右对称，两边饰杂宝图案，中间置几，几上放香炉。素缘上卷。

福寿双全镜

清代

直径 23.2 厘米，厚 0.6 厘米

现藏于喀左县博物馆

平顶圆钮，钮外四个方框内铸楷书“福寿双全”四字。

鎏金折枝花果纹带銙

辽代

喀左县平房子镇三台村出土

通长 38.8 厘米，宽 4.5 厘米，厚 0.78 厘米

现藏于喀左县博物馆

铜质鎏金。带銙一组仅存六件，分为两种形状，长方体四件，圭形两件。方形带銙锦地上饰有一组凸起的折枝花果纹，圭形带銙上饰有两组折枝花果纹。背面有四至五钉。

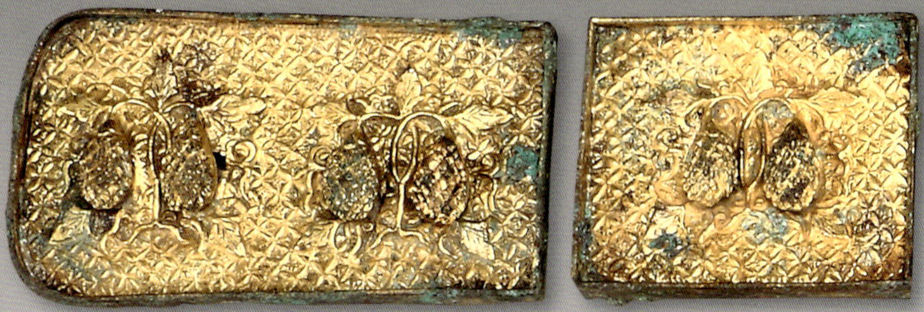

素面鎏金铜带銙

辽代

通长 45.8 厘米，宽 3.5 厘米，厚 0.85 厘米

现藏于喀左县博物馆

铜质鎏金。带銙一组仅存十二件，分为两种形状，方形十件，圭形两件。带銙均为素面内凹，背面有四至五钉。

花果纹带銙

辽代

高3.7厘米，宽4.0厘米，厚0.6厘米

现藏于喀左县博物馆

铜质鎏金。带銙一组仅存七件，云头状带銙，大小相同，锦地上饰一组凸起的折枝花果纹。

铜覆面

辽代

喀左县平房子镇三台村出土

高21厘米，宽20.5厘米

现藏于喀左县博物馆

铜片锤揲而成。形状与人面相似，近圆形，细眼隆鼻，阔耳，耳垂有孔，五条断续线形成嘴的形态，似露齿状。

马饰件

铜质鎏金。带饰一套仅存二十四件。由五件T形饰、九件菱形饰、十件圭形饰组成。带饰正面錾刻花纹，T形饰上中部有圆形凸起，背部有二至六钉。

辽代

T形长6厘米，宽4厘米，厚2厘米；圭形长3.8厘米，宽1.5厘米，厚0.6厘米；六边形长3.5厘米，宽1.5厘米，厚0.6厘米

现藏于喀左县博物馆

铜带饰

辽代

T形长5.6厘米，宽4厘米，厚1.9厘米；圭形长3.8厘米，宽1.7厘米，厚0.7厘米；椭圆形长3.4厘米，宽1.7厘米，厚0.7厘米

现藏于喀左县博物馆

带饰铜质。一组仅存五十三件。分为三种形状，T形饰八件，圭形饰十件，圆角长方形三十五件。T形饰上中部有圆形凸起，上錾刻有花纹，其余均为素面，背面平有三至六钉，部分带饰仍缀在皮条上。

马具饰件

辽代

扁圆环直径 4—4.6 厘米

现藏于喀左县博物馆

铜质鎏金。带饰一套仅存三十二件。由扁圆环、圆环、扁圆绳索环、车轮环、椭圆内凸起十字花环、三角形（中心有圆孔。上缘花瓣形，下为三角形）、半圆形（下部长三角口）、近长方形铆钉、圆铆钉、孔形卡（中间两条形孔）、孔形卡（上近圆孔，下条形孔）、桃形（两面平，中凸竖线）饰件组成。背部有二至六钉。

「南京皇甫」铭铜权

青铜铸造。梯形鼻钮，圆形权体，束腰两道凸棱，下为叠涩三层台座。权体两面分别錾刻“南京”和“皇甫”四字铭文。

元代

高11厘米，底径5.1厘米

现藏于喀左县博物馆

六棱铜权

元代

喀左县利州城内出土

高11厘米，底径5.3厘米

现藏于喀左县博物馆

青铜铸造。整体呈六棱形，由权座、亚腰、权身和权钮四部分组成。权为平底，梯形鼻钮，权身上面錾刻“宣□□□□”等字铭文。

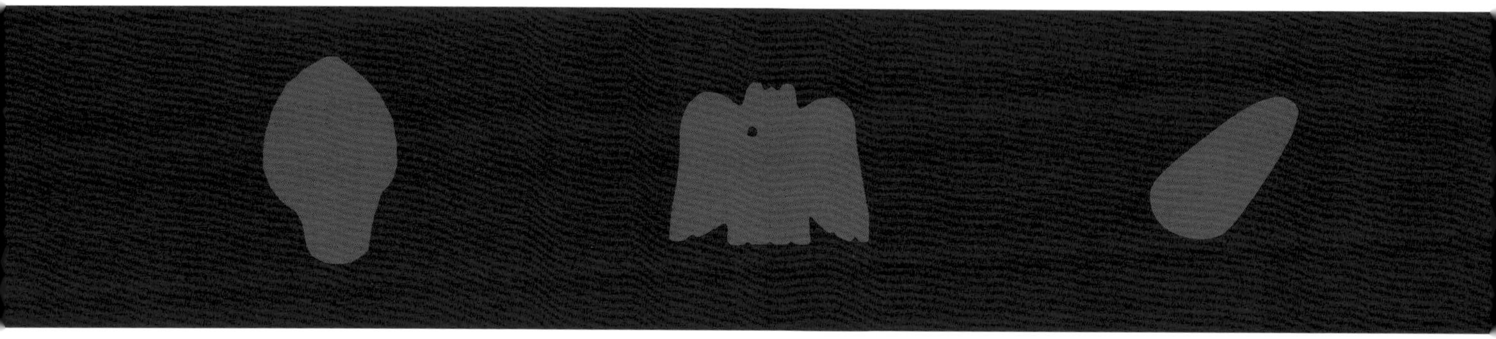

第六部分

铁器

铁 犁

汉代

喀左县山嘴子镇海岛营子村出土

长 21 厘米，宽 14 厘米

现藏于喀左县博物馆

生铁铸造。两件相同，整体半履状，截面呈半圆体，近前端变薄出弧刃。平底，近銎部有凸棱，棱前一有穿孔，空腔为銎。

铁犁铧

汉代

长 51.5 厘米，宽 48 厘米

现藏于喀左县博物馆

生铁铸造。整体呈三角形，尖锋，直脊，平底，空腔为銎。

耘锄

北魏

喀左县草场乡于杖子村出土

高 15 厘米，宽 13 厘米

现藏于喀左县博物馆

生铁铸造。器物由锄板和锄体两部分组成。锄体近锁状，双面饰兽面纹，下端有一长条形卡槽，其内夹锄板，上端有方銎可置犁之衡木。

铁釜

生铁铸造。斜平沿内折，溜肩，弧腹，平底，肩部有六道弦纹，其下一周明显范痕。

北魏

口径 31.5 厘米，底径 14.5 厘米，高 32 厘米

现藏于喀左县博物馆

双耳鍑

生铁铸造。直口方唇，桥形立耳，弧腹，圜底，足镂四孔，两条范线纵贯口足。

北魏

喀左县草场乡于杖子村征集

口径29厘米，通高33厘米

现藏于喀左县博物馆

铁钟

北魏
喀左县平房子镇山湾子村采集
通高 42 厘米
现藏于喀左县博物馆

生铁铸造。主体呈半球状，顶部有四个近方形镂孔，顶中央置半环鼻钮并套接两铁环，口沿呈四连弧状。钮到口沿有范痕。

双耳鼎

南北朝

喀左县水泉镇塔贝营子村出土

口径 26.5 厘米，高 27.5 厘米

现藏于喀左县博物馆

生铁铸造。口微侈，短颈，溜肩，弧腹，圜底，二立耳微外撇，锥状三角足，肩部饰有四道弦纹，两条范痕明显。

云牌

清代

喀左县大城子街道

长 54.8 厘米，宽 42 厘米

现藏于喀左县博物馆

生铁铸造。云牌整体呈双如意头状，外边有双凸线纹圈边，上端有一圆形挂孔。牌面上下云头各饰两条繁草龙，中部两侧各有一同治重宝钱纹，中间由上至下竖向铸阳文楷体铭文：“大清同治三年岁次甲子孟秋月”，背面中间由上至下竖向铸阳文楷体铭文：“直隶承德府建昌县东大城子天成观造。”为上下合范。

后 记

经过一年多的数据测量、拍照、器物描述、汇总编辑和核对等程序，《喀左县文物精品图录》终于与读者见面了。由于篇幅所限，本书未将旧石器时期的鸽子洞遗址出土文物、辽代以后石刻碑志等文物列入其中，而具有喀左蒙古族特色的清代到民国时期的刺绣也在定稿前被删除，留待以后时机成熟再另行结集出版。

本书的顺利出版，除了要感谢为本书付出了艰辛劳动的编辑人员，还要感谢支持我们工作的所有相关领导和朋友，特别是辽宁省博物馆的马宝杰馆长和刘宁副馆长，以及技术部的林利主任，他们在百忙中为此书的出版提供了有力的技术支持。

此《图录》是喀左编辑出版的第一部与文物有关的专业图书，虽然我们力争做到完美，但因诸多因素限制，虽几经校对和审核，其中仍难免存在这样或那样的疏漏，如给您的阅读和学习带来不便，敬请读者批评指正。

编 者

2017年12月20日